ENFIM MAGRA, E AGORA?

ENFIM MAGRA, E AGORA?
PARA VOCÊ, MULHER, QUE DESEJA CONHECER OUTRA VISÃO SOBRE PESO

Copyright © 2011 by Bruna Gasgon

1ª edição – Maio de 2011

Grafia atualizada segundo o Acordo Ortográfico da Língua Portuguesa
de 1990, que entrou em vigor no Brasil em 2009.

Editor e Publisher
Luiz Fernando Emediato

Diretora Editorial
Fernanda Emediato

Produtora Editorial
Renata da Silva

Capa e Ilustração
Osvaldo Pavanelli

Projeto Gráfico
Alan Maia

Diagramação
Kauan Sales

Preparação de Texto
Gabriel Senador Kwak

Revisão
Josias A. Andrade
Marcia Benjamim

DADOS INTERNACIONAIS DE CATALOGAÇÃO NA PUBLICAÇÃO (CIP)
(Câmara Brasileira do Livro, SP, Brasil)

Gasgon, Bruna
Enfim magra, e agora? Para você, mulher, que deseja conhecer
outra visão sobre peso / Bruna Gasgon. – São Paulo : Jardim
dos Livros, 2011.

ISBN 978-85-63420-06-0

1. Autoestima 2. Consciência corporal 3. Corpo –
Peso – Controle 4. Mulheres – Psicologia I. Título. II. Série.

11-04705   CDD: 155.633

Índices para catálogo sistemático

1. Mulheres : Sofrimento por causa do peso : Psicologia :   155.633

JARDIM DOS LIVROS

Rua Gomes Freire, 225/229 – Lapa
CEP: 05075-010 – São Paulo – SP
Telefax.: (11) 3256-4444
Email: jardimlivros@terra.com.br
www.geracaoeditorial.com.br

2011
Impresso no Brasil
Printed in Brazil

Para minhas amigas:
Carla, Mara, Rose, Cacá
e Mariangela.

SUMÁRIO

PREFÁCIO 9

1. Depoimento de uma ex-magra 15

2. Síndrome de Gisele Bündchen 27

3. Cheinha, gordinha, gorda, obesa 35

4. O peso está na cabeça 41

5. Por que não existem Spas para
   magras que querem engordar? 53

6. Homens não querem amantes magras.........63

7. Quando o peso afeta a saúde 69

8. Depois dos 40 anos é preciso
    escolher entre o corpo e o rosto 81

9. O fenômeno Victoria Beckham...................85

10. O que fazer com a magreza
    após consegui-la?....................................91

CONCLUSÃO:

As magras que me desculpem,
mas ser gordinha é fundamental.................99

PREFÁCIO

Querida leitora,

Meu desejo em tratar desse assunto é enorme, porque ao longo da minha vida presenciei, e ainda presencio o sofrimento da mulher por causa de seu peso. E quando digo "peso", significa para mais ou para menos. O sofrimento das magras e gordas é o mesmo, acredite! Quem se acha gorda demais sofre muito, e quem se acha magra demais também sofre.

Ao contrário do que o título deste livro possa sugerir, não pretendo falar somente da obsessão pela magreza, nem do excesso de peso, ou que é ótimo ser magra, nem dos milhares de regimes e dos problemas que essa questão acarreta na vida de uma mulher.

Quero, e preciso, falar de TODAS as questões que destroem a autoestima e a autoimagem da mulher, e que estão relacionadas ao peso.

Quero falar *principalmente* das mulheres que não gostam de ser magras, daquelas que têm excesso de magreza involuntária e genética (nada a ver com anorexia), também dos milhares de regimes e sacrifícios que fazem para engordar, e da frustração de não conseguirem.

E, como sempre faço em meus artigos e livros, gosto de me expor bastante para tentar uma identificação com você, para que me conheça e saiba que trato dos assuntos que escrevo com conhecimento de causa. Então, vou falar de todo o meu sofrimento por causa do peso, por ter sido muito magra quase a vida toda e como isso prejudicou minha vida.

Quero falar de você que estava, ou *achava* que estava acima do peso, e, por isso, fez diversos regimes e até cirurgias, ficou magra, e, assim sendo, levantar a questão: o que isso mudou em sua vida? Quais foram os seus benefícios pessoais, sexuais, profissionais, sociais e de saúde também? O que você está fazendo com sua magreza? O mundo mudou para você? As pessoas lhe tratam melhor? Homens e mulheres olham você de maneira diferente? Conseguiu um emprego melhor? Foi promovida? Sente-se mais à vontade na poltrona do cinema ou do avião? Havia mesmo necessidade de se submeter a esses procedimentos e a todo o sacrifício que eles trazem para sua vida? Valeu a pena?

Conversei com centenas de mulheres para obter algumas respostas. Tomei decisões em relação ao meu próprio peso, e vou contar a vocês os relatos, as experiências que colhi; e também o que aconteceu comigo.

Com isso, espero poder levar a você, leitora, questões para discutir esse tema; reflexões sobre suas dúvidas, e também mostrar que nem sempre temos que tomar atitude alguma em relação ao nosso peso, pois, muitas vezes, não nos vemos como realmente somos, ou simplesmente gostamos de ser como somos, mas as pessoas nos infernizam para uma mudança.

Sou uma defensora de que tudo aquilo que nos incomoda fisicamente deve ser corrigido, porém, se *realmente* for necessário, deve ser feito com cautela, sem exageros e com o auxílio de bons profissionais.

Devemos mudar se dentro de nós realmente desejarmos essa mudança; se temos certeza de que precisamos dela, e se estamos sofrendo interiormente. E não porque a entidade *Os Outros*[1] determinou: seu namorado pediu, seu chefe insinuou, a sociedade exigiu ou porque a moda estabeleceu.

---

[1] Mencionado também pela autora no livro *A Bela Adormecida Acordou* (Jardim dos Livros — 2010). Segue trecho para melhor compreensão do termo: "**Aliás, essa frase 'o que os outros vão pensar' deveria ser abolida de nosso vocabulário, pois empata a nossa vida. Quantas gerações de mulheres cresceram sob este jugo? Quantas deixaram de ser felizes por causa dos outros? Duvido que você que está lendo esta página nunca tenha deixado de fazer alguma coisa em sua vida pensando nos outros. Quem são os outros? Alguma entidade espiritual que virá roubar sua alma quando você morrer? Alguma instituição governamental que virá lhe prender e torturar? Extraterrestres que vão lhe abduzir na calada da noite? Que eu saiba Os Outros é o nome de um filme estrelado pala atriz Nicole Kidman, e refere-se a pessoas mortas que vagam perdidas pela Terra pensando que ainda estão vivas. Você está morta ou viva?**"

ENFIM MAGRA, E AGORA?

É claro que, apesar da seriedade do assunto, preciso tratá-lo com bom humor e descontração; e tentar colocar uma "nova luz" sobre ele, caso contrário você não suportará ler esse tema já tão debatido. Acompanhe-me.

BRUNA GASGON

CAPÍTULO 1
Depoimento de uma ex-magra

A ex-magra do título sou eu. Sofri a vida toda por ser magra, principalmente porque vivi minha adolescência nos anos 60, época em que os símbolos sexuais do cinema eram mulheres como Marilyn Monroe, ou seja, as mais "cheinhas". Ela tinha um corpo roliço e aquela barriguinha proeminente abominada pelas mulheres atualmente.

Na verdade, hoje, revendo os filmes de Marilyn, nas cenas onde aparece com vestidos justos, tem-se a impressão de que ela está grávida de quatro meses, porém não menos linda e *sexy*.

Era *a gostosa da vez* e foi, e ainda é, um dos maiores símbolos sexuais de todos os tempos. Os homens a adoravam e as mulheres a invejavam e imitavam. Todas tingiam os cabelos de louro platinado e usavam batom vermelho.

Então, imagine como se sentia uma garota em idade de namorar e começar a descobrir a vida, sendo suuuupermagra: péssima, é claro! O padrão de beleza daquela época, para meu desespero, definitivamente não era a mulher magra. Se eu fosse adolescente nos dias de hoje, provavelmente minha vida teria sido diferente.

Lembro-me que meu pavor da magreza era tanto, que quando ia ao cinema e via filmes das atrizes Audrey Hepburn ou Mia Farrow, tinha pena delas. Pensava em como eram corajosas por deixar que os diretores as filmassem de corpo inteiro. E ficava intrigada ao ver como o público poderia acreditar que os galãs lindos dos filmes se apaixonavam por elas. Eu, pelo menos, não acreditava. Em meu conceito elas eram feias por serem magras demais, e seus bracinhos pareciam que iam quebrar. Enfim, eram esqueléticas mesmo.

Quando o cantor e ator Frank Sinatra anunciou que ia se casar com Mia, pensei que ele estivesse com algum problema mental.

Acho que a pior fase foi entre meus 13 e 16 anos. Minha irmã e todas as nossas amigas iam à praia nos finais de semana, e como eu tinha muita vergonha de colocar biquíni, dizia para elas e para minha família que era alérgica a areia. Pura mentira. Ficava em casa com aquele sol lindo, vendo todo mundo ir se divertir. Quanto sofrimento! Eu adorava tomar sol, jogar frescobol e entrar no mar como sempre fizera na infância, até tomar consciência de minha magreza e me fechar em um casulo.

No vestiário do clube, no colégio e mesmo em casa, não trocava de roupa na frente de ninguém de tanta vergonha. Nem nossa costureira de tantos anos eu deixava que me visse sem roupa na hora da prova dos vestidos. Ela saía do quarto para que eu me trocasse. Nesse caso não havia nenhuma desculpa a dar, pois ia dizer que era alérgica a quê?

Mas não admitia que tivesse vergonha de meu corpo, dizia apenas que não gostava de me trocar na frente de quem quer que fosse e ponto. As pessoas achavam isso estranhíssimo, mas respeitavam meu jeito de ser.

Demorei demais a "pegar corpo" e por causa disso aparentava muito menos idade do que tinha. Com 14 anos pensavam que eu tinha 11 ou 12 anos. Os meninos não me viam como adolescente e sim como criança, era um horror para mim. Minha irmã, que era apenas dois anos mais velha que eu, tinha um corpo ótimo, era peituda, e com 16 anos já parecia uma moça.

Ao final dos meus 17 anos eu já estava quase me conformando, quando aos 18, finalmente, mesmo magra comecei a ter formas mais definidas, ter mais peito e mais bunda. Mesmo assim, a praia ainda era proibida.

Somente aos 20 anos consegui engordar um pouco e aí foi um arraso! Comecei a aproveitar e recuperar o tempo de praia que havia perdido. Namorados não faltavam e sentia-me muito feliz. Então, contei para todo mundo sobre a vergonha dos tempos em que era muito magra, e que a alergia à areia da praia era mentira.

As pessoas caíram para trás, disseram que eu era louca, mas somente eu sabia o que havia passado.

Sempre pratiquei muitos esportes, andava de bicicleta diariamente na rua, e com o ganho de peso fiquei toda definida e com um abdome invejável. Estava feliz, porém ainda muito distante de meu objetivo, que era ser gordinha. Isso mesmo, cara leitora, existem mulheres que desejam ser gordinhas! Eu sou uma delas, acredite se quiser.

As mulheres que lutam para emagrecer devem estar muito surpresas, e até revoltadas com minha afirmação, mas espero que entendam que cada pessoa tem seu padrão de beleza e seus problemas de autoestima.

Enquanto algumas lutam para perder cinco, seis, dez, vinte quilos e têm dificuldade em manter o peso ideal, eu, ao contrário, tenho muita facilidade para emagrecer, e se por acaso estiver estressada, trabalhando muito ou com alguma grande preocupação, chego a perder um quilo por dia.

Foi o que aconteceu quando, aos 22 anos, voltei a emagrecer muito e fiquei com absurdos 41 quilos. E saiba, cara leitora, que eu tenho 1,66m de altura, portanto era o auge da magreza. Eu colocava dois *jeans*, um por cima do outro, para não parecer tão magra. Minha vontade era de largar a faculdade e não sair mais de casa de tanta tristeza.

Detestava encontrar com alguém conhecido, pois sempre ouvia a frase: "Nossa, como você está magra!".

É claro que hoje isso é um enorme elogio e as mulheres adoram ouvir.

Mas ruim mesmo era quando falavam: "Como você é magrinha!".

Essa palavra, no diminutivo, era devastadora para mim, pois dava a sensação de que eu era ainda mais magra do que parecia. Para mim, *magrinha* era sinônimo de *feinha*.

Fui ao médico da família e pedi, desesperadamente, que me desse um regime para engordar. E ele deu, pois realmente eu estava muito abaixo do peso.

O regime consistia em três refeições diárias de leite condensado com cinco colheres de Sustagen — um suplemento alimentar poderosíssimo, tudo em uma xícara grande — isso, é lógico, além do café da manhã reforçado, almoço, dois lanches e jantar.

Não foi só o regime que me fez engordar. Eu me livrei de um estresse enorme que tinha nessa época: um namorado superlegal, mas megaciumento. Terminei o longo namoro, pois ele me infernizava, me estressava demais e, ainda por cima, tentava se suicidar toda vez que eu terminava com ele. Veja, ele não fingia, ele tentava para valer, mas eu sempre consegui evitar o suicídio. Então, eu vivia sob intensa pressão, achando que a vida dele dependia de mim, por isso fui a 41 quilos. Foi puro estresse.

Com o regime seguido à risca, e com o psicótico namorado fora da minha vida, em seis meses engordei nove quilos e fiquei feliz como se tivesse ganho sozinha na mega-sena.

Porém, estar com 50 quilos não era suficiente para mim, mas os mantive por 10 anos sem conseguir engordar mais.

Todos elogiavam meu corpo, diziam que eu estava ótima, na praia fazia sucesso, mas nada disso me empolgava.

Quando fiz 39 anos, vendo que comida e regimes não adiantavam, resolvi fazer musculação pesada, para hipertrofia muscular. Já que não conseguia engordar comendo, iria então "crescer", aumentando minha massa muscular.

Fui para uma ótima academia, em São Paulo, e minha *personal trainer* preparou um programa específico para meus objetivos, com o acompanhamento da minha médica.

Foi maravilhoso e, em poucos meses, eu estava "grande"; ganhei seis quilos de pura massa muscular. Perdi todas as minhas roupas e algumas pareciam ter pertencido a uma garota de 13 anos.

Fiz 40 anos "me achando". Estava melhor do que poderia sonhar, principalmente porque quando a gente engorda o rosto estica, sabia? Foi, então, que entendi por que todo mundo dizia que "a vida começa aos 40". E para mim começou mesmo em todos os sentidos e, ainda por cima, tinha 40 parecendo ter 30.

É lógico que minhas amigas diziam que eu estava horrorosa, que parecia uma baleia, que não estava com um corpo feminino etc. Mas eu nem ligava, pois estava de bem com meu peso e sentia-me ótima. Nessa época, já começava a imperar a moda da magreza radical, e tanto *top models* quanto estilistas começaram a expandir

ENFIM MAGRA, E AGORA?

o conceito de magreza/beleza que impera até hoje, infelizmente. Por essa razão as mulheres diziam que eu deveria voltar a ser magra, como antes, ao invés da obsessão por engordar e ficar musculosa. Treinei pesado cinco vezes por semana, por quatro anos, na academia. Mas, por causa de viagens a trabalho e inúmeros compromissos profissionais, meus treinamentos de musculação passaram para três vezes por semana; duas vezes, depois treinava uma semana sim outra não, até que tive que parar e perdi todo o condicionamento adquirido. É lógico, voltei a emagrecer e fiquei com 52 quilos até fazer 50 anos.

Nessa época voltei à academia e minha *personal*, me disse uma coisa que eu nunca tinha percebido: eu queimava muitas calorias e não conseguia engordar, pois andava de bicicleta pela rua todos os dias.

Desde os 10 anos de idade sempre adorei andar de bicicleta. Na faculdade até competia nos Jogos Universitários.

Mesmo em São Paulo, nessa cidade enorme com trânsito maluco, eu andava de bicicleta pelas ruas como quem anda de carro.

No meu bairro, então, não pegava o carro para nada, fazia tudo de bicicleta. Essas "andanças" de *bike* duraram 40 anos: dos 10 aos 50. Quem é que consegue engordar fazendo isso e queimando tantas calorias diariamente?

Então, quando ela me contou isso, fiquei pasmada! Constatei que realmente todos os ciclistas profissionais eram muito magros!

Dizem que depois da natação, o ciclismo é o esporte mais completo que existe. Você fica com um condicionamento físico espetacular, mas jamais vai engordar.

Minha *personal* disse que se eu quisesse engordar teria que parar com tanto exercício aeróbico. Parei no mesmo dia e guardei a bicicleta.

Retomei a musculação seis vezes por semana; pedi demissão de um espetáculo teatral de grande sucesso, do qual era atriz e diretora havia 16 anos, mas que me estressava demais, pois no enorme elenco havia alguns atores pouco profissionais e indisciplinados. Saí de férias, meu apetite aumentou, senti que meu estômago se expandiu e, em três anos, engordei seis quilos; cheguei aos 58 quilos, que é meu peso atual (escrevo este livro em 2010). Nunca fiquei tão feliz na vida e minha saúde é ótima. Senti falta de andar de bicicleta e segurei a vontade por um ano. Depois retomei de forma bem *light*, pois não queria perder um grama sequer. Tenho conseguido manter esse peso, mas novamente minhas amigas dizem que estou uma baleia, novamente perdi todas as minhas roupas, mas sinto-me muito feliz. Nunca tive esse peso na vida, mas não estou nem perto de ficar gordinha. Porém, me dou por satisfeita, pois sinto que jamais serei magra novamente.

Cara leitora, eu contei toda a trajetória sobre meu peso, sobre minha baixa autoestima de quando era muito magra, sobre os problemas na adolescência e a luta para me sentir bem com meu corpo com o intuito de estimular você, que, ao contrário de mim, briga com a balança para emagrecer. Vá atrás do corpo que deseja, mas só se ele lhe incomodar muito! É o processo inverso ao meu, mas não desista de seu objetivo se ele for concreto.

Lute de forma saudável, mude sua forma de se alimentar, faça exercícios físicos, use os recursos disponíveis da cosmetologia e da medicina, faça terapia, melhore sua autoestima, mas sempre com um médico lhe orientando. E não emagreça demais. Jamais faça qualquer coisa por conta própria e lembre-se que aquelas magras que você inveja tanto também sofrem.

E você, leitora, que não gosta de ser magra, e que ao contrário das gordinhas briga com a balança para engordar, veja que, entre altos e baixos, eu levei meio século, mas consegui. Não fique magra se achando feia só porque dizem que é moda. Engorde com saúde, com supervisão médica e não se importe com o que as pessoas falam, pense só em você.

E, cá entre nós, eu entendo quando alguns homens dizem que mulher precisa "encher uma cama". O que você acha?

CAPÍTULO 2
Síndrome de Gisele Bündchen

Leitora querida, sabia que existem muitas modelos que detestam ser magras? Eu conheço algumas e uma delas é *top* internacional (não é Gisele), conhecida no mundo todo por sua beleza e competência. Faz sucesso tanto fotografando como nas passarelas, ficou rica por causa da profissão, mas odeia ser magra.

Sente-se feia e mal pode esperar o dia em que mudará de profissão para comer o que quiser; engordar uns dez quilos e ficar com mais curvas, com jeito mais "brasileiro". Muitas modelos pensam assim, mas não podem admitir.

É impressionante essa epidemia generalizada no planeta! Esse desejo compulsivo de ser magérrima, e o errado conceito de que só as magras são belas. Quando vemos as modelos nas revistas e passarelas, pensamos em como são lindas, felizes e bem-sucedidas. Pensamos em como a vida delas deve ser ótima; como devem viajar pelo mundo e aproveitar tudo do bom e do melhor. Pensamos em como têm corpos bonitos, e que não devem ter problema algum com o peso, pois são magras por natureza.

Engano, nem todas são magras por natureza. Muitas fazem sacrifícios enormes para conseguirem ficar magras, poderem trabalhar e serem reconhecidas nessa profissão. Muitas vezes isso até gera distúrbios alimentares, como anorexia e bulimia, os quais, de uns anos para cá, começaram a ser amplamente denunciados e divulgados.

Algumas garotas só podem comer alface e chupar gelo. Não podem ficar até tarde nas baladas, que é algo próprio da juventude; ficam longe da família e dos amigos; não podem ter um

ENFIM MAGRA, E AGORA?

namoro normal, pois não param muito tempo em lugar algum e, principalmente, não têm o corpo que desejam. Só o corpo que "precisam" ter para trabalhar.

Você já reparou como são as pernas dessas meninas? Parecem dois gravetos prestes a se partirem. E, ainda por cima, com aquele "vão" entre elas. É muito feio isso!

Quando estão desfilando, ou fotografando, a produção em cima delas é enorme: muita maquiagem, cabelos incríveis, roupas deslumbrantes, joias lindíssimas e uma ótima luz para iluminá-las. Aí todos dizem: "Nossa, como são lindas!". Mas você já teve a chance de vê-las ao natural, sem nenhuma produção ou maquiagem, à luz do dia?

As muito jovens, entre 14 e 20 anos, continuam bonitinhas, mas parecem crianças desajeitadas sem nada de especial, sem nenhum *glamour*, branquelas, quase apáticas em seus *jeans* e camisetas.

Passam despercebidas. Talvez quando encontre meninas assim, você desconfie que sejam modelos devido à sua altura desproporcional; hoje na média de 1,80m.

Já as que têm entre 25 e 28 anos, sem produção nenhuma, nem sequer são bonitas! Ficam com as olheiras à mostra, pois trabalham muito, dormem pouco, comem mal; e a passagem do tempo um dia "cobra" os sacrifícios feitos pelo trabalho. E a magreza exagerada as deixa com o rosto abatido e jeito de quem está doente. E muitas vezes estão doentes mesmo.

Antes de a incrível Gisele Bündchen fazer tanto sucesso ao redor do mundo, e de ser tão aclamada e valorizada, nenhuma modelo brasileira tinha ido tão longe. Aliás, poucas modelos de qualquer país foram tão longe. Se pensarmos bem, *nenhuma* foi tão longe e teve tantas conquistas. Ela está acima do bem e do mal. É *top* há mais de 15 anos, sempre mantendo um nível excepcional na qualidade de seus trabalhos. Poucas ficam no mercado tanto tempo e com o poder de escolher os trabalhos que lhe interessa; e ganhando tanto dinheiro.

Seu monumental sucesso estimulou muitas garotas a seguirem seus passos, almejando fazer fortuna e ter um futuro glorioso, principalmente as brasileiras, é lógico! Toda adolescente magra e alta, mesmo sem talento para essa carreira, quer

ENFIM MAGRA, E AGORA?

ser Gisele. E quando ela começou a fazer sucesso, várias dessas meninas que hoje batalham na carreira ainda eram crianças!

Todas têm Síndrome de Gisele, então, o que se vê hoje é uma multidão de garotas altas, magérrimas, de cabelos compridos, que se vestem do mesmo jeito, têm o mesmo tipo de cabelo, falam as mesmas coisas, não comem para não engordar, enfim, ficam todas iguais, sem personalidade; e não somente as modelos querem ser Gisele. Toda mulher a admira, adora o jeito e a magreza dela.

Só que Gisele é uma, em um milhão, que consegue chegar nesse nível e fazer esse estardalhaço todo. Então, a correria e os sacrifícios das meninas são imensos e, na maioria das vezes, sem os resultados esperados. E ao lado delas existem as mães estimulando, acompanhando ou "empurrando".

E cá entre nós, em toda profissão é preciso ter vocação e talento, pois sem isso a menina pode ser a rainha da beleza, pesar 30 quilos, ter 1,90m que não fará sucesso.

Certa vez vi uma entrevista de Gisele, quando veio ao Brasil participar de uma edição do São Paulo Fashion Week.

Ela disse para a apresentadora do programa que estava feliz, pois tinha engordado sete quilos e estava até com "bumbum" (isso foi antes de ter filho).

Quando disse isso deu até uma viradinha de costas para a câmera registrar o que ela estava falando. Via-se felicidade em seus olhos, em seu sorriso, e disse sentir-se mais bonita e mais feminina.

Só que ela é Gisele Bündchen, e mesmo se tivesse engordado 200 quilos ainda faria sucesso, pois no caso dela é mais uma questão de carisma e de *mito* do que ter o peso adequado.

E eu fiquei olhando e pensando: "Onde ela engordou sete quilos? No branco dos olhos? Nas orelhas? No nariz?" Não dava para notar nada!

Ela é tão magra, que mesmo com esse ganho de peso ainda estava muito magra.

Você já a viu na praia ou na rua sem produção alguma? É uma moça comum, nariguda, com belos cabelos e extremamente simpática, que, na passarela e nas fotos, se transforma. É impressionante! Quando está trabalhando é uma personagem. Até ela tem *Síndrome de Gisele.*

O sucesso dela é supermerecido, mas o estrago que um ícone de beleza faz na cabecinha de meninas de 11 ou 12 anos, que pretendem seguir essa carreira, é enorme.

Nos anos 80 não havia tanta exigência de magreza, apenas de esbelteza e elegância. Cindy Crawford e Luiza Brunet faziam enorme sucesso, mesmo fazendo o tipo esbelto-cheinhas-curvilíneas. Quanta diferença!

Depois as coisas começaram a mudar, e lembro-me de uma amiga modelo, nos padrões Brunet, que foi para a Itália atrás de oportunidades de trabalho. Quando chegou lá, todas as agências e estilistas disseram a ela: "Querida, volte para seu país, emagreça 10 quilos e depois nos procure".

Ela ficou abismada com os padrões europeus de peso, não conseguiu nenhum trabalho e voltou ao Brasil para um severo regime. Eu disse a ela: "Você vai ficar horrorosa". E ficou mesmo (na minha opinião). Perdeu mais de 10 quilos, voltou para a Itália magérrima, com a aparência de doente, trabalhou em vários países, mas fez poucos trabalhos de grande repercussão. Depois disso, eu não soube mais dela. Talvez não tivesse talento, não sei.

E os homens, o que pensam sobre modelos? Já viram as pesquisas? Eles as acham lindas nas fotos e nas passarelas, mas na vida real preferem as "gostosas" de 1,60 m, o que, traduzindo, significa: meninas um pouquinho acima do peso em relação à altura.

Pegue a foto de uma modelo bonita, altíssima, magérrima e outra foto da atriz Jennifer Lopez; pergunte ao seu namorado, marido, amante, "ficante", qual das duas ele prefere. Você já sabe a resposta, não é?

CAPÍTULO 3
Cheinha, gordinha, gorda, obesa

As pessoas ficam cheias de pudores em chamar uma mulher de gorda. Acho que está no inconsciente coletivo, ou seja, se você se referir a uma mulher como gorda — mesmo que ela o seja —, praticamente a estará ofendendo ou humilhando.

A impressão que se tem é de que, se quem a chamar assim for uma mulher magra, parecerá ofensa, provocação ou falta de educação. Se quem a chamar assim for um homem, ele será assassinado... pela gorda.

As próprias gordas se referem a si mesmas como gordinhas. Por quê? Se a pessoa é gorda mesmo, fica mais constrangedor ainda chamá-la de gordinha. Eu já vi situações assim e, é a maior saia-justa.

O diminutivo *gordinha* é inadequado se a mulher for gorda de verdade. Gente, não dá para chamar uma mulher visivelmente gorda de gordinha!

Já para as magras, atualmente e de um modo geral, o diminutivo não é ofensa, mas, dependendo do caso, pode ser pejorativo. Dizer para uma mulher magra, e que odeia ser magra, que ela é *magrinha*, na minha opinião de ex-magra é uma coisa terrível! A palavra magra é bem melhor, ou menos horrível. É claro que só fica chateada em ser chamada de *magrinha* quem não gosta de ser magra, mas para quem gosta é maravilhoso. Falar que é magérrima então, nossa, leva a mulher ao delírio.

Mas, voltando às gordinhas, as pessoas poderiam parar com esse "politicamente correto", você não acha? A moça pesa 113 quilos e todo mundo a chama de gordinha com receio de magoá-la! Ora bolas, ela sabe que é gorda!

Tem gente que prefere dizer: "Você é uma moça forte". As próprias gordas também se chamam de fortes. Que ridículo!

Veja o seguinte diálogo entre uma gorda e uma vendedora, numa loja:

Gorda: "Não existem roupas transadas para mulheres fortes como eu".
Vendedora: "Ah! Você é halterofilista? Não? Então é lutadora de vale-tudo? Não? Lutadora de sumô? Não? Faz musculação? Não? Então você toma muitas vitaminas? Não? Então por que você falou que é forte?"

A palavra obesa então, nossa! Só pertence ao vocabulário médico! Jamais alguém vai dizer para uma mulher que ela é obesa, mesmo ela sendo obesa.

Talvez o próprio endocrinologista da moça prefira dizer isso a ela por *e-mail*, depois da consulta, pois não terá coragem de dizer pessoalmente com medo de ser atingido por um estetoscópio voador.

Naturalmente ninguém é obesa porque quer. As mulheres nessa situação estão com problemas sérios de saúde, que, muitas vezes, são decorrentes de fatores genéticos, doenças, medicamentos, desequilíbrios hormonais ou distúrbios emocionais bastante complicados. E esse assunto merece muito cuidado, atenção e respeito.

Porém, não acho falta de tato, nem de compaixão, falar que uma pessoa é obesa. É apenas falar a verdade, é lidar com a realidade. É lógico que tudo depende do contexto e de como você fala isso para alguém, pois, assim como as gordas, as obesas não se referem a si mesmas com esse termo de jeito nenhum. Falam apenas que *estão muito acima do peso.*

Então, fica assim: as cheinhas são chamadas de gostosas, as gordinhas são chamadas de cheinhas, as gordas são chamadas de gordinhas, ou fortes, e as obesas não são chamadas. Isso parece que ameniza um pouco as coisas.

Até quando esse enervante "politicamente correto" vai durar?

Em meus tempos de magra, ninguém tinha pudores em dizer que eu era *muito magra*. Eu tinha que aceitar e ouvir isso, por mais sofrimento que me causasse, pois afinal eu era magra mesmo. As pessoas iam dizer o quê? Que eu era uma moça com *pouco peso para a altura?*

Quem sofre por ouvir a verdade sobre seu peso, pode até ficar embaraçada, envergonhada, mas não ofendida. Deve fazer de tudo para mudar a situação. Mas, por favor, não deixe para começar a mudança na segunda-feira.

CAPÍTULO 4
O peso está na cabeça

Uma menina gorda, muitas vezes, terá problemas na escola por causa dos apelidos. Crianças são cruéis, e quando pegam o ponto fraco de alguém que elas consideram "diferente", só querem dar risadas, mas nem imaginam o estrago que estão fazendo na cabeça da menina! Colocam apelidos apenas para se divertir; ao contrário dos adultos, que quando fazem isso, é com a real intenção de humilhar e magoar, porque, por alguma razão, querem que a pessoa sofra.

Na minha infância eu tinha uma colega da turma da rua onde eu morava que *recebeu* dos meninos os seguintes apelidos: pipa da água raz; rolha de poço; jóquei de elefante; Barba Papa (lembram do desenho?) e muitos outros.

O que acontece com a autoimagem de uma criança que passa por isso? Fica destruída ou totalmente desfocada! Ela vai carregar isso por toda a vida, mesmo que fique magra quando adulta. E haja terapia!

Na infância, meninos são mais destrutivos do que meninas, porém mulheres adultas, na hora de ofender e "machucar a alma" da colega, são muito mais ferinas, nocivas e maquiavélicas.

Por causa desses problemas na infância, em muitos casos, o peso fica marcado na cabeça para sempre. Quantas ex-gordas são traumatizadas por causa dos apelidos e preconceitos que sofreram quando criança? Na fase adulta, mesmo estando com o corpo ótimo ou mesmo de acordo com os tiranos padrões atuais de magreza, sentem-se inseguras e desconfortáveis, porque o antigo peso ainda é um fantasma que as assombra.

ENFIM MAGRA, E AGORA?

Algumas emagrecem, dão a volta por cima, realizam cirurgias plásticas e aí fazem questão de ir àqueles pavorosos encontros com a turma do colégio, 25 anos depois. Esses eventos são patéticos, pois uma fica observando a outra para ver quem está com a aparência melhor, mais conservada; quem engordou, quem está bem de vida, quem casou, quem se divorciou; enfim, é um horror! As mulheres, de um modo geral, fixam sua observação no peso das antigas colegas e, no fundo, sentem muita satisfação em constatar que a garota mais bonita e popular da turma teve um problema hormonal e engordou 22 quilos. E, também, outra colega que era bem magrinha, teve três filhos, engordou 12 quilos em cada gravidez, nunca mais recuperou o antigo peso e está acabada.

Já os homens competem para ver quem é mais bem-sucedido, quem tem o melhor carro, quem tem mais dinheiro, quem tem o membro maior e mais proezas sexuais para contar.

Então, as ex-gordas fazem questão de ir a esses encontros para se exibirem aos colegas que as traumatizaram. E se, além de magras, ficaram ricas, vão despejar todo seu sofrimento reprimido, tripudiando em cima das colegas que engordaram e se deram mal na vida.

Guardadas as devidas proporções, lembrei-me do filme *Carrie, a Estranha*, que, nos anos 70, deu o Oscar de melhor atriz a Sissi Spacek.

O problema no filme não era a gordura, mas, como o título já diz, Carrie era muito estranha e a turma do colégio aprontou algo terrível com ela no dia do baile de formatura. Porém, como ela tinha poderes paranormais, voltou com uma vingança estratosférica em cima de quem a magoou. Virou uma assassina e matou todos os colegas.

Há também um filme de humor negro, *A Morte lhe Cai Bem*, com Bruce Willis, Meryl Streep e Goldie Hawn. Esta faz o papel de uma moça gordinha que perde o namorado para a "melhor amiga", entra em depressão, tranca-se durante anos em casa só comendo bombons e salgadinhos e fica imensamente gorda. Anos depois, após perder todos os quilos indesejados, fazer muitas plásticas e tornar-se uma linda e famosa escritora, reaparece para vingar-se. Citei dois filmes de ficção, mas na vida real não é muito diferente.

A autoestima, quando é profundamente atingida, desestabiliza completamente a autoimagem da pessoa. Uma menina gorda, que é magoada e ferida na infância e na adolescência, poderá até tornar-se uma adulta magra, mas com cabeça de gorda, postura de gorda, pensamentos de gorda e nunca encontrar a felicidade. Pode até ficar com cruéis desejos de vingança e virar uma *serial killer* de magras, risos.

O fato de o peso se fixar na cabeça vale para as ex-magras também, pois eu mesma demorei a parar de me sentir magra, de me enxergar magra, mesmo depois de conseguir engordar, como descrevi no primeiro capítulo. Minha magreza estava na minha cabeça.

Pode acontecer, além disso, de a mulher ser uma adulta feliz e sem problemas de peso na infância, e de repente ter sua autoimagem distorcida se tiver ao seu lado pessoas cruéis que lhe dizem coisas horríveis sobre peso só para magoá-la, mesmo que não sejam verdadeiras. Esta mulher pode passar a ter sua autoestima derrubada e sua autoimagem distorcida, como nos casos que vou relatar a seguir:

1 — Uma ex-vizinha, moça jovem, super-simpática, inteligente, bonita e com o peso absolutamente normal, contou-me que tinha um namorado que ela adorava, mas que a deixava arrasada. Um dia ela pediu a ele: — Vamos passar os feriados em Maresias? — E ele respondeu: — Mas você vai com essa barriga? O que meus amigos vão dizer?

Acredite, cara leitora, a moça não tinha barriga alguma. Ela apenas não era malhada nem tinha o abdome reto, só isso. Quando ela retrucou com o *maravilhoso e sensível namorado*, ele disse de forma debochada: — Quer uma faca para arrancar sua barriga fora?

2 — Uma colega de academia, bonita, esbelta, 36 anos, ao sair do banho ouviu a seguinte pérola do marido: — Meu Deus, que barriga enorme! Parece até que você está grávida! Na ocasião eu não o conhecia, mas imaginei que, para ele falar isso, deveria ser gatíssimo, super-malhado e com um corpo sarado.

Num final de semana estávamos numa festa com um grupo de amigos, quando chegou o marido dela. Quase caí para trás quando o vi. Sabe aquele corpo de sapo, quando pernas e braços são finos e a barriga é ENORME? Pois é, ele era assim, e ainda por cima feio e desleixado. A autoestima dos homens é invejável!

3 — Houve aquele caso bem mais grave, nos anos 70, de grande repercussão, porque envolvia uma famosa atriz da TV Globo, e seu marido bonitão e bem mais jovem. Parece que o casamento, por parte dele, era puro interesse e comodismo, mas ela o amava muito. Uma noite, após chegarem de uma festa e terem bebido além da conta, houve uma forte discussão por causa do ciúme que ela tinha dele. Sem paciência, ele começou a xingá-la, humilhá-la e, entre outras coisas, chamou-a de *velha gorda*.

Ela ficou totalmente fora de si, pegou uma arma e o matou com vários tiros.

No julgamento o advogado dela alegou que ela sofreu danos morais terríveis e tortura psicológica ao longo de anos. Ela naturalmente foi presa, mas houve atenuantes na pena a ser cumprida devido a tudo o que ele fez com ela durante o casamento.

Obs.: Os homens precisam tomar muito cuidado com o que falam para as mulheres, principalmente no que se refere ao peso.

E quando a moça é gorda e todos à sua volta dizem: "Você tem um rosto tão bonito, por que não faz um regime para emagrecer?".

Ah! Então significa que, se o rosto fosse feio, ela poderia continuar gorda e tudo bem? Só as bonitas devem emagrecer? Que absurdo! As pessoas dizem cada coisa!

A atriz Cristiana Oliveira disse que foi gorda até os 17 anos, quando pesava quase 100 quilos. Ela contou várias vezes em entrevistas que familiares e amigos falavam exatamente isso a ela. O peso realmente a incomodava muito e ela deu uma grande virada no visual, emagreceu tudo que podia e, inclusive, antes de ser atriz foi modelo.

Porém, ao contrário, existem mulheres que estão *"muito bem, obrigada"* com seus muitos quilos a mais. Sua autoestima é fantástica, e o que as incomoda não é o peso e, sim, a pressão das pessoas para que emagreçam.

Em São Paulo existia uma clínica de estética que prometia emagrecimento rápido e com acompanhamento médico. Os comerciais na TV mostravam o depoimento de vários clientes contando suas histórias e dizendo quantos quilos haviam emagrecido e, para ilustrar os relatos, eram mostradas as fotos do "antes e depois". E, acredite se quiser, a dona dessa clínica era gorda. No entanto, ao invés de evitar aparecer para que seu negócio não perdesse a credibilidade, ao contrário, era ela quem entrevistava os clientes e fazia toda a publicidade.

No auge do sucesso, havia *outdoors* espalhados pela cidade fazendo publicidade da clínica. E na foto estava ela, a dona, deitada, com uma camisa amarrada na cintura, barriga de fora, *jeans*, descalça em uma pose supersensual. Lembro-me de que quando vi esse *outdoor* pela primeira vez fiquei muito impressionada, pois se ela era dona de uma clínica de emagrecimento, por que ela mesma não emagrecia? Com toda certeza era porque não queria. Ela deveria ser uma gorda bem resolvida, e via-se que se sentia *sexy*, bonita e feliz da vida com seu corpo. Que maravilha!

Outro caso de mulheres acima do peso que se sentem mais *sexies* quando engordam ainda mais, é o de uma amiga atriz, que era apenas gordinha, e quando voltou de uma viagem que fez à Europa estava com oito quilos a mais. As amigas já foram logo falando que ela precisava perder peso urgente; ela concordou, mas confessou que quando engordava, sentia-se mais *sexy* e gostosa, e que na cama com o marido achava-se mais poderosa. Que bom que existem mulheres que pensam assim!

É importante a mulher explorar seus pontos positivos, independentemente do peso. Pense agora qual é seu ponto positivo fisicamente falando. Pensou? Então, explore isso! Use decotes, transparências, coloque as pernas de fora, vista roupas que realcem aquilo que lhe favorece, mostre os ombros, mas disfarce aquilo que lhe prejudica.

Então, magra ou gorda, se você se sente bem como está e não liga para a entidade *Os Outros*, apenas saiba se valorizar. Vale, ainda, contratar um profissional que lhe oriente com o visual:

ENFIM MAGRA, E AGORA?

cabelo, maquiagem e roupas, para que você não corra o risco de errar na hora de se produzir.

Muitas vezes a mulher com excesso de peso, no intuito de valorizar suas curvas generosas, coloca vestidos muito justos, calças com a cintura muito baixa e isso pode passar uma mensagem deselegante e até vulgar.

E nunca se esqueça: seu peso deve estar na balança do médico e não em sua cabeça. E você pode fazer com ele o que bem entender para ser feliz.

CAPÍTULO 5
Por que não existem Spas para magras que querem engordar?

Antigamente *Spas* eram lugares considerados verdadeiros centros de tortura, onde os gordos e obesos se "internavam" muitas vezes contra sua vontade, para perderem peso de forma saudável, com alimentação adequada para cada caso, e com acompanhamento médico.

Esses lugares eram vistos como *presídios para gordos*, cujo crime era comerem o que não podiam e, com isso, prejudicar a saúde.

Todo mundo tinha pena quando alguém dizia que ia para um *Spa*, pois sabiam que a pessoa iria sofrer privações horríveis e passar muita fome.

Era quase como uma clínica para dependentes químicos de álcool ou drogas, só que, no caso, o problema era a comida.

Havia relatos de gente que levava alimentos escondidos na bagagem, e também de suborno a funcionários, os quais, em troca de dinheiro ou joias, davam comida "ilegal" aos clientes.

Eram lugares feios, onde não havia opções de atividade física, nem acompanhamento psicológico. Amigos dos clientes jogavam sobre os muros barras de chocolate e latas de leite condensado.

Os clientes faziam reuniões secretas na calada da noite para estabelecerem estratégias de como enganar os médicos e enfermeiros e conseguirem comer o que desejassem.

Mesmo aqueles que se internavam espontaneamente, e tinham total consciência de que precisavam perder peso urgentemente — pois, caso contrário poderiam até morrer —, chegavam a sentir tanta fome que não aguentavam e partiam para ações ilícitas: contrabando de comida.

ENFIM MAGRA, E AGORA?

Muitos saíam desses *Spas* mais gordos do que quando entravam, pois além da comida do *Spa*, acabavam comendo suas comidas secretas e também as dos outros clientes. Na madrugada havia rodízio de alimentos ricos em calorias. Era um verdadeiro *fast food* do mal.

Há muitos anos o conceito de *Spa* mudou radicalmente. Hoje em dia são verdadeiros hotéis e *resorts* incríveis, lugares superarborizados, com piscinas, cachoeiras, trilhas para caminhadas, práticas de esportes com instrutores, atividades sociais com música, dança, massagens orientais, terapia, ioga, tratamentos corporais alternativos, banhos medicinais e todo o conforto possível. A alimentação é muito mais diversificada e o cardápio tem várias e deliciosas opções de pratos apetitosos de baixas calorias.

Caiu por terra o conceito de que *Spa* é para gordos emagrecerem.

Inclusive os mais sofisticados viraram refúgios para quem deseja descansar e diminuir o estresse causado pela correria da vida moderna, ou para aqueles que, embora não tenham nenhum problema de peso, desejam fazer reeducação alimentar e aprender a comer o que é saudável.

E, como toda mulher sempre quer perder dois quilos, mesmo as magras, os *Spas* tornaram-se locais disputadíssimos por aquelas que estão às vésperas do casamento, no início de uma relação amorosa ou preparando-se para a chegada do verão e do Carnaval.

Acho engraçada essa história de perder dois quilos. Tenho certeza de que, neste instante, você está sorrindo e pensando: "É verdade, eu quero perder dois quilos". Eu penso que se você for gorda, perder dois quilos não vai adiantar nada. Se você for magra também não, então, para que serve perder dois quilos? É uma coisa totalmente psicológica!

Lembra-se, cara leitora, da modelo Cláudia Liz? Uma moça alta, magra, loira e linda que fez muito sucesso nos anos 90? No auge da carreira internou-se em uma famosa clínica de São Paulo para fazer lipoaspiração. Porém, durante a aplicação da anestesia, ela teve um choque anafilático e ficou alguns dias em coma. Todos achavam que depois do ocorrido ela teria sequelas, mas, graças a Deus, não teve. Voltou ao normal e não fez a cirurgia.

ENFIM MAGRA, E AGORA?

Para esclarecer o que havia acontecido ela deu uma coletiva para a imprensa, e lhe perguntaram: "Cláudia, por que você ia fazer lipoaspiração, se é supermagra"? E, para o espanto de todos, ela respondeu: "Eu precisava perder dois quilos com urgência".

Em minhas palestras somente para mulheres, quando abordo essa questão do peso, sempre peço à plateia o seguinte: "Levantem a mão aquelas que desejam perder algum peso. Dois quilos, meio quilo, enfim, alguma coisa".

E, praticamente, todas levantam a mão.

Depois se entreolham e, ao ver a cena, caem na risada.

Eu sempre me pergunto por que não existem *Spas* para magras engordarem, nem propaganda de regimes para engordar. Para emagrecer existe o regime da Lua, o da Sopa, o das Frutas, o de Beverly Hills, o da Proteína, o regime de tudo o que você imaginar, mas não vemos propaganda de nenhum regime para engordar. Não existe o regime do Leite Condensado, o regime do Chocolate Amargo, o da Pizza Quatro Queijos, o do Sorvete, o do Croissant.

Por quê? Percebeu que as magras são totalmente esquecidas, abandonadas!?

Nas propagandas de regime para emagrecer vemos frases como "Perca oito quilos em dois meses", ou "Emagreça dois quilos por semana", ou ainda "Quer perder peso? Nós temos a solução", mas jamais encontramos algo do tipo "Engorde cinco quilos em dois meses", ou "Ganhe 10 quilos em 10 semanas", ou ainda "Faça o regime do Carboidrato Plus e seu peso vai aumentar em um mês". Jamais veremos isso!

E livros então?! Para quem quer perder peso existem uns 300 mil ao redor do mundo, mas não há literatura para magras! Quando os médicos e clínicas de estética se derem conta de que existe um mercado totalmente virgem a ser explorado, e que as magras descontentes estão sedentas por soluções, poderão ajudar milhares de mulheres.

E aquelas revistas femininas que todos os meses trazem matérias falando sobre inúmeros modos de emagrecer? Trazem, inclusive, aqueles abomináveis testes de múltipla escolha para a mulher responder, e saber, se está gordinha, gorda ou obesa. E elas respondem! E no final somam os pontos, medem a

ENFIM MAGRA, E AGORA?

cintura e vão correndo para o espelho acabar de destruir sua autoestima, pois os resultados sempre são muito piores do que elas imaginam.

E as que mentem nas respostas? É incrível, mentem para si mesmas! Você também já mentiu nesses testes, não mentiu? É claro que mentiu!

Todo final de ano faço um *check-up* completo, pois acho que a gente deve ir ao médico para manter a saúde e não para cuidar de doenças.

A prevenção é extremamente importante, principalmente depois dos 40 anos.

E antes de alguns exames a gente tem que preencher uma ficha com algumas informações, inclusive o peso. E eu sempre preencho o peso correto, é lógico! Não aquele peso que a gente constata nas balanças das farmácias, mas o peso que obtenho no consultório de minha médica, me pesando somente de calcinha e sutiã; e que, atualmente, são 58 quilos, como já mencionei em outro capítulo.

Então, certa vez, antes de me pesar para fazer um determinado exame, a moça que me atendeu — não era médica —, mas sim uma técnica , olhou minha ficha, viu meu peso e disse: — 58 quilos? Agora vamos pesar para ver quanto você mentiu!

Imagine, falar uma coisa dessas para uma mulher que ela nem conhecia! Fiquei pasmada e disse:
— Meu peso é exatamente o que preenchi na ficha.

E após me pesar ela comentou: — É, realmente você não mentiu!

Fiquei imaginando quantas mulheres com excesso de peso se suicidaram ao sair de um exame com aquela ridícula! E se eu fosse uma pessoa com problemas de peso a mais, infeliz e fazendo regime para emagrecer?

No entanto, ela ficou com a cara arrastando no chão quando eu disse que fazia regime para engordar, e se tivesse que mentir seria para mais e, nunca, para menos.

Infelizmente existem moças e rapazes que, por alguma razão, não conseguiram ser médicos e se tornaram técnicos em radiologia, em tomografia, em densitometria, e outros tantos exames. Adoram perguntar o que a gente tem na hora em que entramos na sala do exame, já reparou?

Eles não têm que perguntar nada, o trabalho deles é fazer o exame e pronto! O que vai adiantar saber por que a pessoa está fazendo aquele exame? Nada.

E alguns dão até o diagnóstico! Certo dia, acompanhando uma amiga que foi fazer o exame de mamografia de rotina, ao final a moça disse-lhe: — Você está com um cisto no seio direito, viu? Fiquei indignada, procurei a responsável pela clínica e denunciei o caso. Só um médico ou médica podem dar o diagnóstico, e, mesmo assim, somente após ver o resultado dos exames!

Resumo da história: minha amiga ficou uma semana apavorada até o resultado sair e levar para sua médica ver.

Na verdade, ela não tinha nada, era apenas um desses cistos sem importância, que assim como aparecem, também desaparecem. Mas e o sofrimento dela durante a espera? Para mim isso era caso de demissão por justa causa.

Obs.: Cara leitora, eu sei que fugi totalmente do assunto, mas enquanto escrevia sobre mentir o peso nas fichas de exames, me lembrei desses episódios e não resisti em contá-los, pois sei que você, com toda certeza, já passou por alguma situação semelhante ou viu alguém passar. Não permita que isso aconteça, proteste.

Mas voltando ao assunto, outro dia vi um programa em uma emissora de TV a cabo, que abordou o tema: "Como perder peso e se tornar uma pessoa saudável". Quem disse que só os magros são saudáveis? As pessoas associam gordura à falta de saúde.

Conheço gordas saudáveis e magras doentes, isso é muito relativo e cada caso é um caso.

Será que um dia veremos algum programa ou documentário mostrando caminhos para as magras engordarem de forma saudável e se sentirem gostosas?

E livros com os títulos: *Só é magra quem quer*; *Engorde sem sofrimento* ou *Ganhe peso e volte a ser feliz*? Será que também veremos?

Se isso acontecer, o mundo estará mais humano, civilizado e democrático.

CAPÍTULO 6
Homens não querem amantes magras

Enquanto as mulheres se matam nas academias e passam fome só para usar roupas tamanho 38, os homens, cada vez mais, adoram mulheres tamanho 42. Eles até podem amar suas esposas magras, elegantes, gostarem de desfilar com elas nos lugares e verem que são admiradas. Mas, para fazer sexo, preferem alguém com vários quilos a mais.

Repare que as *amantes* são sempre mais gordas que as esposas. Repare.

Segundo pesquisas, as mulheres fazem todos os sacrifícios do mundo para serem magras, não para agradarem os homens, mas para competirem umas com as outras.

Essas pesquisas mostram que uma mulher, quando vai a uma festa, por exemplo, não se arruma para o namorado ou marido, e sim para as outras mulheres que estarão presentes. Querem ser admiradas e invejadas por outras mulheres e, principalmente, por aquela que ela desconfia ser a "outra", a qual considera uma *baleia cafona*.

Existe uma sequência de prioridades: as mulheres ficam magras e se arrumam inteiras, em primeiro lugar, para causar inveja às inimigas; em segundo lugar, para competir com as amigas; em terceiro lugar, para agradar os homens; em quarto lugar, para agradar ao marido ou namorado; e, em último lugar, para agradar a si mesmas.

Essa sequência está toda invertida, deveria ser exatamente o contrário.

As mulheres ainda não se deram conta de uma coisa: as amantes são sempre mais gordas que as esposas. Estas acham isso uma vantagem, e consideram que seus maridos ficam com essas mulheres somente para sexo, então, supõem que o *caso* não é importante. Somente para SEXO e não é importante? Gente! O sexo é 95% de um casamento, para não dizer 100%.

O que acontece quando o sexo acaba *no* casamento? Simplesmente acaba *com* o casamento! Apenas o amor não mantém um casamento, pelo menos é isso que eu penso. Uma relação duradoura tem que ter amor, cumplicidade, carinho, respeito à individualidade do outro, diversão, amizade e sexo. Sem ele todo o resto desmorona e você vira irmã de seu marido.

É lógico que muitos casamentos se mantêm sem sexo com casais que se amam, mas nesse caso, com toda certeza, cada um terá seu amante para preencher essa lacuna. E enquanto as mulheres buscam um amante mais sarado que os maridos, eles buscam mulheres mais carnudas que as esposas.

Além da maioria dos homens não ligar para o excesso de peso das mulheres, outra coisa que elas não se dão conta é que eles não sabem o que é celulite. Enquanto elas ficam aterrorizadas e atormentadas por causa da celulite, eles não estão nem aí para isso, acredite! Homem que é homem de verdade não liga para celulite.

As mulheres se preocupam demais com esse fantasma em suas vidas e ficam felizes quando na praia, na piscina ou no vestiário da academia, constatam que aquela moça magra, que elas invejam tanto, tem mais celulite que elas.

Estou falando algum absurdo? Claro que não! Celulite é quase sinônimo de mulher. Só as marombeiras, halterofilistas e fisiculturistas não têm celulite, pois mesmo aquelas que malham muito, e têm um corpão, têm celulite.

As modelos magérrimas têm celulite.

É uma característica exclusivamente feminina, uma questão hormonal e genética. Homens não têm esse problema.

Tenho amigas que chegam à praia, colocam suas cadeiras ou cangas enfileiradas uma ao lado da outra, como se fosse um pelotão de fuzilamento, e ficam sentadas o dia todo só observando a mulherada passar.

O objetivo é checar quem tem mais celulite, independentemente do peso, pois, infelizmente, magras também têm celulite. É maldição em dobro: ser magra com celulite.

É ridículo fazer isso, mas mulher não resiste. Parece que precisa ver a desgraça das outras para sentir-se melhor com seu próprio corpo.

Elas têm a ilusão da "segurança" em relação a seus maridos, se todas as mulheres da praia estiverem rolando de gordura e celulite.

Querida leitora, fique esperta! Não quero colocar minhocas na sua cabeça, mas se você não tem ciúme da secretária de seu marido, da colega de trabalho, da assistente do consultório ou da conhecida da academia dele, só porque você é magérrima e elas estão acima do peso e cheias de celulite, não se iluda.

Não estou dizendo que ele é infiel, mas homem tem um conceito totalmente diferente do nosso com relação a peso e estética.

Eu aprendi isso na prática. Quando tinha vinte e poucos anos morava e trabalhava no Rio de Janeiro e era magérrima. Meu namorado era um empresário bonito, jovem, bem-sucedido e tinha uma colega de trabalho gorda, jovem, mas com jeitão de "senhora", para a qual ele dava carona todos os dias, pois moravam perto.

Eu nem me incomodava, pois estava corrompida por todo o preconceito ridículo de achar que

Bruna Gasgon

ele jamais se interessaria por uma mulher como ela. Um dia descobri que eles estavam tendo um caso havia meses, e ele estava bastante envolvido. Na verdade, eu os flagrei totalmente por acaso. Entendeu minha mensagem?

CAPÍTULO 7
Quando o peso afeta a saúde

O Ministério da Saúde diz que no Brasil 43% da população tem excesso de peso, 13% são obesos, mas boa parte já está pensando em emagrecer.

Tudo colabora para o excesso de peso:

- A profissão
- O estilo de vida
- O círculo de amizades

- A tradição e a situação familiar
- A genética
- A cidade onde se mora

A verdade é que as pessoas vivem altos e baixos de peso ao longo da vida, e ninguém é muito gordo ou obeso porque quer. Nessa questão, há uma má notícia para as mulheres. Os homens levam vantagem na hora de emagrecer, pois a testosterona é um hormônio muito importante para a formação muscular, enquanto o estrogênio é um hormônio feminino que facilita o acúmulo de gordura. Então, realmente, as mulheres têm uma conformação diferente em termos de depósito de gordura, e os homens têm maior facilidade e rapidez na perda de peso. E, para piorar a situação, tem ainda o cortisol, que é o hormônio relacionado ao estresse que facilita a formação de gordura na região da cintura das mulheres.

O excesso de peso e a má alimentação trazem muitas complicações como diabetes e hipertensão. Pesquisas mostram que, quem emagrece com uma dieta saudável, pode se livrar de câncer de esôfago, estômago, intestino, rins e também leucemia.

Na hora de perder peso devemos considerar a herança genética de cada um, e embora não se possa interferir nela, podemos mudar hábitos e reduzir as complicações.

Pesquisadores do CRNUTRI — Centro de Referência em Nutrição da Faculdade de Saúde Pública da USP, entre médicos, nutricionistas e psicólogos, dizem que para **emagrecer de uma vez por todas e para sempre**, sem sacrifícios e sem riscos para a saúde, existe uma única saída: **educação alimentar.**

Para quem não tem rotina, ou seja, horários fixos de trabalho e de refeições, fica muito complicado controlar a alimentação e o peso.

Em um restaurante *self service*, por exemplo, é difícil resistir a tanta variedade e quantidade de comida de todos os tipos.

Dietas feitas sem educação alimentar fazem a pessoa emagrecer e engordar a vida toda. É o famoso efeito sanfona.

O primeiro passo para quem deseja começar essa maratona para cuidar da saúde e, consequentemente, da estética, é procurar um médico, fazer exames de sangue, e ver o peso *real* na balança do consultório.

Depois disso o médico e/ou a nutricionista fazem o cálculo de seu IMC — Índice de Massa Corporal — é uma fórmula para ver se seu peso está adequado à sua altura.

O cálculo é o seguinte: dividir o peso pela altura ao quadrado.

Se o resultado for até 25, o peso está adequado.

De 25 a 30 é sobrepeso (um pouco acima do recomendável).

A partir de 30 é obesidade.

Se nesse instante você não parou para pegar papel e caneta para descobrir seu IMC, ou, pelo menos, pensou em fazer isso, você não é normal.

A palavra obesidade sempre nos faz pensar em alguém enorme de gorda, mas, na verdade, não é bem assim. Uma pessoa alta, com o corpo normal, porém com muita gordura localizada na região da cintura pode ser obesa, embora não pareça tão gorda. O que vai determinar isso é realmente o cálculo do IMC e os resultados dos exames de sangue.

Existem várias denominações para se classificar o peso:

1 – Excesso de peso
2 – Sobrepeso
3 – Obesidade tipo 1
4 – Obesidade tipo 2
5 – Obesidade tipo 3

O segundo passo será tirar a medida de sua cintura; onde, em geral, se localiza o excesso de gordura. Essa gordura está associada ao colesterol alto, pressão alta, diabetes e até ao estresse. Portanto, não adianta somente emagrecer perdendo peso, é preciso *diminuir as medidas.* Não adianta ser uma pessoa magra com uma barriga enorme e pneus na cintura.

Conheço muitas mulheres que não são gordas, pelo contrário, mas têm barriga, pneus e culote. Então, se acham gordas, vivem fazendo dieta por conta própria e sem exercícios físicos. Simplesmente param de comer, o que é um grande erro e muito perigoso para a saúde. Elas não entendem que precisam perder *gordura localizada*, e não emagrecer o corpo todo!

Após a tal dieta, emagrecem, mas continuam com aquela barriguinha indesejável.

Tenho uma amiga que se sente bem pesando 50 quilos. No entanto, ela tem tendência para engordar e adora comer tudo que tem muitas calorias. E como detesta fazer exercícios físicos, sempre está com 56 quilos. Aí ela para de comer, só toma chá com torradas e requeijão *light*. Faz os maiores sacrifícios; não vai a festas nem a restaurantes para não ficar tentada; e, em um mês, perde os seis quilos desejados. Fica superalegre e diz: "Oba! Consegui emagrecer, então, agora posso voltar a comer de tudo!". E se joga na pizza, na feijoada, na macarronada, nos salgadinhos e nos doces.

Em um mês ganha novamente os seis quilos que havia perdido. Ela faz isso há anos! É uma ignorância! E não adianta falar que ela está errada, pois gosta de levar a vida assim. Você encontra com ela num dia, e ela está magra; se a reencontrar no mês seguinte estará com seis quilos a mais. Ela acha que fica gorda com 56 quilos; mas, como toda mulher, está enganada. Ela tem o corpo normal e seu peso é bastante adequado à sua altura.

E o teste do *jeans*? Muitas mulheres que usam tamanho 42, por exemplo, usam a seguinte técnica: compram *jeans* caríssimos, tamanho 38 ou 40; caem no regime até caberem na calça. Só ficam felizes quando podem sair de casa com o tal *jeans*. Que bobagem!

Nos tempos de juventude, tive uma colega do colégio que era bem baixinha e magrinha, do tipo *mignon*. Adorava comer de tudo, porém, por causa da pouca altura, tinha medo de engordar. Então, fazia o seguinte absurdo: comia o que bem entendia; logo depois ia ao banheiro e vomitava tudo.

Não sei se o que ela tinha era bulimia — naquela época a gente nem sabia o que era isso —, mas ela dizia que o que fazia era ótimo. Não se privava da boa mesa e não engordava.

Hoje em dia, ela está com mais de 50 anos, continua magrinha e não tem problemas de saúde; então, penso que não tinha bulimia, apenas era "uma louca de pedra".

Quando uma pessoa traz hábitos errados da infância, mudá-los é muito complicado. Psicólogos e médicos dizem que é uma grande armadilha a pessoa estabelecer metas grandiosas para perder peso.

Traçam uma meta para perder oito quilos em um mês, por exemplo, sem acompanhamento médico, e cortam coisas importantes da alimentação.

O peso que se adquire em 30 anos não se perde em três semanas. Isso é um sacrifício imenso para o corpo, não tem como! O importante é estabelecer metas curtas e fazer o que é possível.

Os nutricionistas do CRNUTRI indicam 14 metas que se deve alcançar pouco a pouco sem sofrimento. Segundo eles, é preciso tentar, pelo menos, duas dessas metas por semana para que se chegue ao seu objetivo.

Vamos conhecê-las:

1ª — Fazer de cinco a seis refeições por dia. Café da manhã, lanche da manhã, almoço, lanche da tarde, jantar e, para quem dorme tarde, o lanche da noite. É importante não ficar mais de três horas sem comer.

Sendo assim a pessoa dirá: "Seis refeições por dia? Mas desse jeito eu vou engordar ao invés de emagrecer!" Errado. Essas seis refeições são muito nutritivas, saudáveis e se ingeridas nas quantidades certas, darão tudo o que o organismo precisa e ajudarão na perda de peso. As próximas metas vão explicar essa questão.

2ª — Usar frutas como sobremesa. Como elas têm açúcar, o consumo aconselhável é de três a quatro porções por dia.

3ª — Incluir legumes e verduras no almoço e no jantar.

4ª — O tamanho de uma porção de carne ou frango, em uma refeição, não deve ser maior do que a palma da sua mão. Se for peixe pode ser um pouco maior.

5ª — Trocar a gordura animal por vegetal. Quanto ao azeite extravirgem, você pode consumir duas colheres de sopa nas saladas por dia. Já o óleo de cozinha é preciso restringir.

6ª — Moderar nos açúcares e doces. Comer no máximo um doce por dia. E cuidado com os cafezinhos! Três xicrinhas com açúcar valem por um doce.

7ª — Diminuir o sal e os alimentos ricos em sódio.

8ª — Consumir três porções de leite ou derivados por dia. Nosso corpo necessita.

9ª — Consumir, pelo menos, uma porção de cereal integral por dia.

10ª — Comer uma concha de feijão por dia ou de outra leguminosa como lentilha, ervilha e grão de bico.

11ª — Reduzir o álcool. Só uma dose para as mulheres e duas para os homens e não mais do que duas vezes por semana.

12ª — Beber no mínimo dois litros de água por dia.

13ª — Praticar pelo menos trinta minutos de atividade física diariamente.

ENFIM MAGRA, E AGORA?

14ª — Apreciar sua refeição. Comer devagar.

Não sou médica nem nutricionista, mas pesquisei essas informações com profissionais da saúde para passar a você que deseja, ou precisa, emagrecer de forma correta e saudável. Mas não tome nenhuma atitude antes de consultar seu médico. A saúde é o maior tesouro que temos na vida.

CAPÍTULO 8
Depois dos 40 anos é preciso escolher entre o corpo e o rosto

Quando eu era adolescente vi uma famosa atriz, já cinquentona na época, dizer que tinha feito de tudo para permanecer magra a vida toda, mas que àquela altura de sua vida tinha se permitido engordar um pouco. Afirmou que depois dos 40 anos, a mulher tem que escolher entre o corpo e o rosto.

Na época eu não entendi bem o que ela estava dizendo, pois quando se é jovem, não se pensa nessas coisas. A gente acha que vai ser jovem para sempre.

Mas você já parou para pensar nisso? Quando a mulher é jovem e magra, seu rosto é ótimo, bochechudinho e saudável. Quando ganha mais idade, o rosto começa a angular e vai ficando mais magro.

Portanto, se o corpo está muito magro, o rosto fica abatido, dando um ar envelhecido à mulher.

Depois dos 40 anos, se a mulher engorda um pouco, o rosto estica, fica mais cheinho dando uma aparência mais jovem. Lembro-me que quando consegui engordar definitivamente aos 50 anos, várias pessoas vieram me perguntar se eu havia feito plástica no rosto. Foi incrível, pois eu não havia feito, só tinha engordado.

Veja as atletas de um modo geral, principalmente, as maratonistas e triatletas. O corpo é supermagro, não tem nada de gordura, só pele, músculos e ossos, mas o rosto é acabado. Isso acontece mesmo com as garotas jovens.

Em minha opinião, todo esporte que envolve muita aeróbica prejudica a aparência do rosto.

Conheço mulheres de 40, 50, 60 e 70 anos que já fizeram plásticas e, mesmo assim, não ficaram com o rosto rejuvenescido, ficaram apenas esticadas, pois são muito magras.

ENFIM MAGRA, E AGORA?

Veja as atrizes e apresentadoras de TV. A maioria delas fez plástica, contudo só estão realmente bem as que se permitiram ficar mais cheinhas.

E aquelas que já passaram dos 50, não são operadas nem magras, parecem mais jovens que as que operaram e se mantiveram magras.

Parece papo de maluca, mas é a pura verdade. Quando a mulher faz plástica e, depois da cirurgia, resolve fazer regime para emagrecer, aí é bem pior, pois fica parecendo mais velha do que é.

Se você é uma mulher que não pretende fazer cirurgia plástica e é defensora do "envelhecimento natural", esta é uma dica para seu rosto. Ganhe um pouquinho de peso e ficará ótima. É apenas a minha opinião.

Mas se você, ao contrário, pretende operar seu rosto quando achar necessário e tirar o que lhe incomoda, cuidado para não emagrecer muito.

Caso contrário você destruirá o trabalho do cirurgião.

CAPÍTULO 9
O fenômeno Victoria Beckham

Sabe aquele dia em que nada dá certo, você tem um monte de problemas e fica tão estressada que diz: "Eu gostaria de sumir, desaparecer"?

Pois é, a cantora e empresária inglesa Victoria Beckham está conseguindo essa façanha. Está "sumindo". Ela passou de manequim 40 para 34. O que está acontecendo com essa moça que era tão bonita?

Uma vez vi um documentário sobre ela, que mostrava toda sua preparação aos 16 anos, junto com as outras quatro meninas para formarem o Grupo *Spice Girls*.

Era outra pessoa. Tudo bem que uma mulher queira melhorar o visual, modificar de forma razoável aquilo que não gosta em sua aparência, principalmente uma artista, mas ela está exagerando!

No documentário via-se nos ensaios para a formação do grupo, uma garota bonitinha, inibida, cheinha, com nariz de batata, espinhas no rosto, dentes feios e um cabelo nada bonito.

Cantava e dançava razoavelmente.

Quando o grupo estreou, em meados dos anos 90, já se via uma mulher bonita, mais esbelta, muito bem vestida, com a pele bem cuidada, cabelos sedosos e bem cortados, cantando e dançando bem.

Porém, fazia a linha séria, jamais sorria no palco, nas fotos promocionais ou em público. Aquilo era estranho, mas como cada garota do grupo tinha um estilo, achava-se que Victoria fora orientada a fazer a linha "séria e arrogante" de propósito.

Com o passar do tempo foi conquistando outras melhorias na aparência.

ENFIM MAGRA, E AGORA?

No documentário, o dentista que cuidou de seus dentes (aliás, um profissional totalmente sem ética, pois para se promover falava o que fazia em seus clientes famosos) disse, em detalhes, como eram os dentes de Victoria e quais os procedimentos que realizou neles. E, ainda por cima, contou que para não ser vista pelos fotógrafos que a perseguiam, Victoria entrava pelos fundos do consultório e, para isso, precisava pular um muro. Imagine você ver seu dentista falando isso de você para um programa que vai passar em vários países!

Bem, o tempo passou, o grupo inglês fez um sucesso absurdo com o primeiro CD, com os *shows*, filmes e contratos publicitários e cada uma arrecadou cerca de 40 milhões de dólares. Nada mau para quem estava na faixa dos vinte e poucos anos! Porém, logo uma delas deixou o grupo, brigas aconteceram, até que se separaram e o grupo acabou. Algumas tentaram fazer carreira solo, mas sem grande sucesso.

Ainda no auge da fama, Victoria começou a namorar um jogador de futebol, o inglês David Beckham, que só era conhecido na Europa e ela era famosa no mundo todo. Com o namoro ele teve mais visibilidade e o mundo pôde ver como era lindo, já que não jogava tão bem (risos). Nessa época ela ainda era esbelta apenas, porém já mais magra do que antes.

Com o fim da carreira de cantora e a ascensão profissional dele, a coisa virou: ele era o famoso e ela a esposa do lindo jogador. Mas ambos muito ricos, lindos e famosos. Casaram-se e tiveram filhos lindos (parece final de conto de fadas).

Sinceramente, eu não vi nenhuma das três gravidezes dela. Já era tão magra a essa altura, que sua barriga não aparecia. Dizia que estava grávida e, de repente, os filhos já haviam nascido.

E a cada filho ficava mais magra. As mulheres a admiravam e copiavam seus cortes de cabelo, suas roupas e, é claro, tentavam ficar magra como ela. Virou um ícone de charme e elegância.

Depois que teve o terceiro filho ficou esquelética, e toda a mídia começou a falar sobre seu peso.

A essa altura o assunto não era somente onde o casal ia morar, em que clube ele ia jogar, que grife ela estava usando, quanto dinheiro ganhavam, onde ela cortava o cabelo, mas sim sua incrível magreza.

ENFIM MAGRA, E AGORA?

No momento em que escrevo este livro (2010), ela está realmente sumindo.

Vi há poucos dias uma foto dela saindo de uma festa, vestindo um *blazer* preto bem comprido, sem nada por baixo, de um só botão na altura da cintura, que deixava à mostra suas costelas saltadas na pele.

Sua aparência não é saudável e ela está até feia.

E já faz tempo que os impiedosos tabloides ingleses falam sobre as amantes de David, inclusive dizendo os nomes das garotas e mostrando suas fotos.

Maldosamente comentam que — com uma mulher que parece um palito de fósforos —, ele precisa ter amantes com peso normal, para poder ter onde pegar e sentir o que é estar com uma mulher de verdade. De carne e osso, e não só de osso.

Ela se faz de morta e passa batido por essas fofocas, sem fazer nenhum comentário. E ele nega tudo, é lógico!

Estão até especulando que ela talvez esteja com distúrbios alimentares, como anorexia, por exemplo, pois ninguém acha possível uma mulher ter aquele corpo porque quer! Será que alguém saudável gosta de ficar assim?

Então, tome muito cuidado se você é uma pessoa que se espelha em seus ídolos, ou em mulheres que admira. Muitas vezes elas não estão como estão porque querem ou porque é moda. Em vários casos, estão doentes ou perderam a noção e os limites aceitáveis da magreza.

Podem estar sofrendo muito e você se matando para emagrecer e ficar como elas.

O tempo vai nos dizer aonde vai dar toda essa paranoia de magreza e aí, talvez, eu aborde mais profundamente esse tema no livro: *Enfim magra, e agora? Parte II.*

CAPÍTULO 10
O que fazer com a magreza após consegui-la?

Existe o lado B da magreza, aquele no qual a mulher passa por privações enormes para perder peso, e nada muda em sua vida.

Quando a magreza é conseguida sem necessidade, com toda certeza você perdeu seu tempo e ficou feia. E o que é pior, pensando que está ótima.

Tenho uma amiga de 29 anos, superbonita, alta, que tinha o corpo do tipo "violão", abdome reto e tudo no lugar.

Não sei por que, ela decidiu que estava gorda (não falamos em outra coisa neste livro) e resolveu fazer dieta, acompanhada de muita malhação na academia. Fiquei mais de um mês sem vê-la e quando a reencontrei quase caí para trás! Tive que disfarçar meu assombro. Ela havia emagrecido 15 quilos, o que foi demais para sua altura e, além disso, ficou com o rosto magro, abatido, envelhecido.

Fiquei me perguntando o que ela ia fazer com a magreza dela.

Conversamos um pouco e ela só reclamou da vida: estava triste, sem namorado, dizendo que os homens são uns babacas etc. Muitas mulheres estão infelizes e acabam culpando o próprio peso por seus problemas, e aí partem para regimes desnecessários. Acham que se emagrecerem a vida ficará ótima e não é bem assim.

Quando comentei que achava que ela estava muito magra, ela respondeu que ainda precisava perder cinco quilos. Fiquei estática sem saber o que falar. Quando a reencontrei um tempo depois ela realmente havia perdido os tais cinco quilos, o que a deixou ainda mais abatida e envelhecida.

ENFIM MAGRA, E AGORA?

Parece que existe uma epidemia da perda de peso. Só acho válidos os sacrifícios quando a mulher é obesa, ou tem a terrível *obesidade mórbida* e vê sua saúde destruída: pressão alta, problemas de coluna, joelhos destruídos, diabetes, colesterol alto, vida social e sexual zero, e sofre muito preconceito. Nesses casos os médicos recomendam a cirurgia de redução de estômago; mas antes ela vai percorrer um calvário e conhecer o inferno. Além dos vários médicos e psicólogos que irá consultar, terá que fazer uma bateria enorme de exames para conseguir a autorização para operar. Depois da cirurgia terá que esperar perder todo o peso que precisa. Na sequência vai fazer inúmeras cirurgias plásticas para retirar o excesso de pele que sobrou e, muitas vezes, no meio do caminho poderá ter depressão, compulsão por compras, alcoolismo e quando se olhar no espelho não se reconhecerá. E dependendo do tipo de cirurgia de redução de estômago que fizer, se não seguir as orientações médicas à risca, poderá engordar tudo novamente.

Tenho uma querida amiga empresária, que até a adolescência tinha o peso normal. Aos 14 anos perdeu a mãe e ficou muito mal psicologicamente. Depois teve um problema de saúde que acarretou um desequilíbrio hormonal grave. E foi engordando, engordando até que, aos 23 anos, pesava 150 quilos. Ela passou por todo o calvário que descrevi, conheceu o inferno, mas seu caso teve final feliz. Foram cinco anos entre a preparação para a cirurgia até ficar como está agora: mente e corpo ótimos; todas as plásticas realizadas com sucesso, feliz e sabendo muito bem o que fazer com seu novo peso. Mas vale ressaltar que apesar de ter perdido 70 quilos, não ficou magra, ficou normal, uma mulher bonita e com o peso proporcional à sua altura. Pelo menos para os meus padrões do que é normal. Qualquer outra mulher que não seja eu, com toda certeza achará que ela ainda está gorda.

Conforme tratei no Capítulo 7, quando o peso prejudica a saúde, a pessoa precisa urgentemente procurar um médico e resolver o problema.

Mas e quando emagrecer é paranoia? E quando é para seguir a moda?

E não estou falando de anorexia, não! Essa é outra questão e nem pretendo falar dela.

A cada dia encontro mulheres de todas as idades atormentadas com o peso.

Sofrem à toa por um problema que não existe!

Repare que a maioria dos homens não está nem aí para o próprio peso. Exceto os metrossexuais e os muito vaidosos, que embora não fiquem fazendo dieta para perder peso, fazem questão de ter um corpo forte e sarado.

As mulheres, de um modo geral, aceitam as barriguinhas e as barrigonas de seus parceiros.

Admiram um abdome "tanquinho", mas se contentam e acham até charmoso um homem com aquela proeminência.

Querem ver um exemplo?

Imagine um homem de 60 anos, com mais ou menos 1,80 m de altura, cabelos totalmente brancos, barriga bem proeminente, totalmente fora do peso, queixo duplo (a famosa "papada"), bolsas de gordura embaixo dos olhos e dentes amarelados. Imaginou? Com essa descrição que acabei de fazer, acho difícil você, sendo jovem ou madura, se interessar por ele.

E se eu disser que esse homem é o ator Antonio Fagundes? Nesse momento você está pensando:

Ah!!! Mas ele é lindo! Sim, ele é um galã de novela, de cinema e de teatro. E só se casa ou namora com mulheres lindas e jovens na ficção e na vida real. Por que ele pode ficar totalmente fora do peso e ser chamado de lindo? Duvido que ele faça algum tipo de esforço para emagrecer e sua autoestima é altíssima. Uma mulher com a mesma descrição, só conseguiria fazer papel da vovozinha do Sítio do Pica-Pau Amarelo. Como a natureza é ingrata com as mulheres!

Os chamados *galãs* de novela e cinema são galãs e pronto, não se fala mais no assunto. O Fagundes faz sucesso com todo tipo de mulher de qualquer idade e classe social.

Outro galã que também faz sucesso, mesmo estando sempre fora do peso, é o ator Tony Ramos.

Tudo bem que ele não é uma unanimidade como o Fagundes, mas arrasa corações mesmo com o excesso de peso, com a barriga enorme e aqueles pelos todos. Aliás, no caso dele, são os pelos que a mulherada diz que adora.

O Tony até que se esforça para perder peso quando vai fazer uma novela, mas depois engorda tudo de novo. Mesmo quando emagrece, continua com uma bela barriga.

ENFIM MAGRA, E AGORA?

Entendo que por causa do preconceito que existe sobre o peso no meio artístico, as atrizes, modelos, cantoras e apresentadoras se preocupem em estar magras, pois, caso contrário, não conseguirão os trabalhos que desejam, ou não conseguirão trabalho algum. Mas e as mulheres que não são desse meio?

Precisam estar muito magras por quê? O que vão fazer com sua incrível magreza? Aonde esse peso vai levá-las? São vítimas de preconceito no trabalho? Não conseguem namorar? Veja, não estou me referindo àquelas muito gordas nem às obesas, estou falando daquele grupo de mulheres que diz: "Preciso perder dois quilos". Essas mulheres estão sempre tentando perder peso. Só falam nisso!

Todas nós precisamos de autoconhecimento para saber o que está acontecendo conosco.

Você vai se perguntar por que eu falo tanto de quem tem obsessão por emagrecer, quando, na verdade, eu tinha obsessão por engordar, certo?

Você deve achar que cada um tem o direito de ficar com o corpo que deseja. Mas é muito evidente quando a mulher age porque alguma coisa prejudica sua autoestima, sua segurança e quando quer seguir o que considera moda, ou porque acha que só será aceita se estiver dentro dos "padrões".

No meu caso, foi uma busca da felicidade interior, pois, afinal de contas, não é moda ser gordinha nem fazer regime para engordar. E foi o que eu fiz.

O que eu fazia com minha magreza? Nada, eu era infeliz, por mais que dissessem que eu tinha um corpo ótimo.

Então, tenha autoconhecimento, preste atenção por que deseja ser magra, e aonde sua magreza vai lhe levar. Você conseguiu ficar magra, e agora?

CONCLUSÃO:
As magras que me desculpem, mas ser gordinha é fundamental

Com essa afirmação estou obviamente parafraseando o compositor Vinicius de Moraes, que nos anos 60 disse: "As feias que me desculpem, mas beleza é fundamental". Essa declaração causou furor, revolta e muita polêmica, mas ele era "Vinicius" e ficou impune. Acho que as feias o desculparam.

Porém, o que seria dele se as mulheres que namorou e também aquelas com as quais foi casado pensassem a mesma coisa: "Os feios que me desculpem, mas beleza é fundamental"?

Talvez ele nunca tivesse namorado ninguém, pois, cá entre nós, era um homem bem feio, sem vaidade, que não se cuidava e, ainda por cima, tinha aquela enorme barriga, um verdadeiro depósito de uísque.

Se você leu o livro todo, já sabe o que eu penso sobre ser magra demais e, também, sobre minha luta para engordar.

Gostaria que as mulheres que estão um pouco acima do peso, ou com sobrepeso e são saudáveis, entendessem que, ainda assim, devem sentir-se belas e sensuais.

Certa vez, em uma de minhas palestras só para mulheres, eu estava falando sobre esse assunto, interagindo com a plateia e estimulando as participantes a darem depoimentos pessoais. Uma moça levantou a mão e disse que gostaria de falar. Ela era muito gorda e via-se que era também muito vaidosa.

Contou-nos que estava com a cirurgia de redução de estômago marcada e já havia feito todos os exames exigidos para o procedimento, quando seu marido (um *gato*, segundo ela) pediu que ela desistisse da operação, pois ele a amava exatamente como era. Então, ela desmarcou e ficou aliviada, pois ia fazer a cirurgia por achar que ele queria uma esposa magra, e não porque ela queria de verdade. Foi uma decisão sensata, pois, afinal, uma cirurgia é sempre um grande risco. A plateia a aplaudiu muito e percebi alegria no rosto de várias gordas e gordinhas.

Esse tipo de declaração deve servir de estímulo para mulheres que, por acharem que estão gordas, se fecham dentro de casa, não têm vida social, têm vergonha de ir à academia, e ficam sentadas na frente da TV ou do computador, comendo o dia todo, mantendo uma vida virtual e assistindo o mundo através de um monitor. E acham que nenhum homem ou mulher se interessará por ela.

Se a pessoa não vai a lugar nenhum e não se socializa, nunca conhecerá ninguém nem dará a chance de alguém conhecê-la.

Conforme já falei, quando o excesso de peso causa problemas de saúde física e psicológica, é importante fazer o possível para sair dessa situação e procurar ajuda com bons profissionais.

Mas quando você tem saúde e seu peso não lhe incomoda, não faça nada, apenas explore as vantagens de ser uma mulher de *proporções fartas*.

Sabe aquele ditado antigo que diz: "Toda panela tem uma tampa?" É a mais pura verdade, mas depende de você saber usar o peso a seu favor.

Tenho um conhecido no Rio de Janeiro que adora mulheres gordas e só namora as que forem assim. Quando ele chega a uma festa ou em uma balada, já entra dando uma geral no ambiente e procurando as mulheres com esse biotipo. Magras nem pensar. Ele diz que gosta de "mulheres de verdade".

Querida leitora, se você é cheinha, gordinha, ou gorda, faça o "Teste da obra". Conhece? Geralmente ele é feito por mulheres magras, que adoram ser magras, e quando acham que engordaram um pouco, e não estão se sentindo confortáveis com seu peso, passam a pé em frente a uma obra.

Se os pedreiros e operários assobiarem, gritarem ou tiverem qualquer tipo de manifestação, aí elas partem imediatamente para um regime e arrepiam na academia. Porém, quando passam em frente à obra e ninguém se manifesta; não ouvem sequer um assobiozinho, ficam felizes, pois para elas esse é o sinal de que estão magras.

Então, faça esse teste e tenho certeza que sua autoestima vai atingir níveis estratosféricos. E quanto mais obscenidades e grosserias você escutar, mais claro ficará como *você está bem na foto*.

Obrigada por ter me acompanhado.

Bruna Gasgon